Collection folio benjamin

ISBN 2-07-039037-3
© Éditions Gallimard, 1980
pour le texte et les illustrations
1er dépôt légal: 4e trimestre 1980
Dépôt légal: Decembre 1988
Numéro d'édition: 44083
Imprimé par la Editoriale Libraria en Italie

La belle lisse poire du prince de Motordu

du prince

de Motordu

raconté et illustré par Pef

Gallimard

A n'en pas douter,
le prince de Motordu
menait la belle vie.

Il habitait un chapeau magnifique
au-dessus duquel,
le dimanche,
flottaient des crapauds bleu blanc rouge
qu'on pouvait voir de loin.

Le prince de Motordu
ne s'ennuyait jamais.
Lorsque venait l'hiver,
il faisait d'extraordinaires
batailles de poules de neige.

Et le soir,
il restait bien au chaud
à jouer aux tartes avec ses coussins…

...dans la
grande salle
à danger
du chapeau.

Le prince vivait
à la campagne.
Un jour,
on le voyait mener paître
son troupeau de boutons.
Le lendemain,
on pouvait l'admirer filant
comme le vent
sur son râteau à voiles.

Et quand le dimanche arrivait,
il invitait
ses amis à déjeuner.
Le menu était
copieux :

Menu du jour

- Boulet rôti
- Purée de petit bois
- Pattes fraîches à volonté
- Suisses de grenouilles

Au déssert

- Braises du jardin
- Confiture de murs de la maison.

Un jour,
le père du prince de Motordu,
qui habitait le chapeau voisin,
dit à son fils : — Mon fils,
il est grand temps de te marier.
— Me marier ?
Et pourquoi donc,
répondit le prince,
je suis très bien tout seul
dans mon chapeau.

Sa mère essaya
de le convaincre :
— Si tu venais
à tomber salade,
lui dit-elle,
qui donc te repasserait
ton singe ?

Sans compter
qu'une épouse
pourrait te raconter
de belles lisses poires
avant de t'endormir.

Le prince se montra sensible
à ces arguments
et prit la ferme résolution
de se marier bientôt.
Il ferma donc son chapeau à clé,
rentra son troupeau de boutons
dans les tables, puis monta
dans sa toiture de course pour se mettre
en quête d'une fiancée.

Hélas, en cours de route,
un pneu de sa toiture creva.

— Quelle tuile !
ronchonna le prince,
heureusement que j'ai pensé à emporter
ma boue de secours.
Au même moment,
il aperçut une jeune flamme
qui avait l'air
de cueillir des braises des bois.

— Bonjour,
dit le prince en s'approchant d'elle,
je suis le prince de Motordu.
— Et moi,
je suis la princesse Dézécolle
et je suis institutrice
dans une école publique,
gratuite et obligatoire,
répondit l'autre.
— Fort bien, dit le prince,
et que diriez-vous d'une promenade dans
ce petit pois
qu'on voit là-bas ?

— Un petit pois ?
s'étonna la princesse,
mais on ne se promène pas
dans un petit pois !
C'est un petit bois
qu'on voit là-bas.

— Un petit bois ?
Pas du tout répondit le prince,
les petits bois, on les mange.
J'en suis d'ailleurs friand
et il m'arrive d'en manger tant
que j'en tombe salade.
J'attrape alors de vilains moutons
qui me démangent toute la nuit !

— A mon avis,
vous souffrez de mots de tête,
s'exclama la princesse Dézécolle
et je vais vous soigner
dans mon école publique,
gratuite et obligatoire.

Il n'y avait pas beaucoup d'élèves
dans l'école de la princesse
et on n'eut aucun mal
à trouver une table libre
pour le prince de Motordu,
le nouveau de la classe.
Mais, dès qu'il commença à répondre
aux questions qu'on lui posait,
le prince déclencha l'hilarité
parmi ses nouveaux camarades.

Ils n'avaient jamais entendu
quelqu'un parler ainsi !

Quant à son cahier,
il était, à chaque ligne,
plein de taches et de ratures :
on eût dit un véritable torchon.

lundi

CALCUL

? quatre et quatre : huître.

? quatre et cinq : bœuf.

? cinq et six : bronze.

? six et six : bouse.

mardi

Que fabrique un frigo ?
un frigo fabrique des petits

? garçons qu'on met dans
l'eau pour la rafraîchir.

Mais la princesse Dézécolle
n'abandonna pas pour autant.
Patiemment, chaque jour,
elle essaya de lui apprendre
à parler comme tout le monde.

HISTOIRE   jeudi

Napoléon déclara la guerre

!?   aux puces, il envahit la

??   Lucie mais les puces

mirent le feu à Moscou

et l'empereur fut chassé

?   par les vers très froids

qu'il faisait cette année-

là, glaglagla....

je n'ai pas tout compris.

Bonne écriture D

— On ne dit pas j'habite un papillon,
mais j'habite un pavillon.

Peu à peu, le prince de Motordu,
grâce aux efforts constants
de son institutrice,
commença à faire des progrès.
Au bout de quelques semaines,
il parvint à parler normalement,
mais ses camarades le trouvaient
beaucoup moins drôle
depuis qu'il ne tordait plus les mots.

A la fin de l'année,
cependant, il obtint le prix
de camaraderie car,
comme il était riche, il achetait
chaque jour des kilos de bonbons
qu'il distribuait sans compter.

Lorsqu'il revint chez lui,
après avoir passé une année en classe,
le prince de Motordu avait complètement
oublié de se marier.

Mais quelques jours plus tard,
il reçut une lettre qui lui rafraîchit
la mémoire.

mardi 4

Cher Motordu

À présent que vous ne
souffrez plus de mots de tête
j'aimerais savoir si vous
aimeriez bien vous marier
avec moi !

Princesse Dézécolle

P.S: vous avez oublié de me rendre
votre livre de géographie.
Merci

Il s'empressa d'y répondre,
le jour même.

TELEGRAMME

DESTINATAIRE · NOMBRE DE MOTS:23 · MENTION de SERVICE
Princesse Dézécolle · · *la poste ferme à 5 heures!*

*J'ai fini de lire le livre, il est
très bien et j'accepte de me
marier avec vous et avec joie
Amitiés — Stop.*

· SIGNÉ :: *Motordu.*
(prince.)

N°701-B.

Et c'est ainsi que le prince de Motordu
épousa la princesse Dézécolle.
Le mariage eut lieu à l'école même
et tous les élèves furent invités.

Un soir, la princesse dit
à son mari :
— Je voudrais des enfants.

— Combien ? demanda le prince
qui était en train de passer
l'aspirateur.
— Beaucoup, répondit la princesse,
plein de petits glaçons et de petites billes.

Le prince la regarda avec étonnement,
puis il éclata de rire.

— Décidément, dit-il,
vous êtes vraiment la femme
qu'il me fallait,
madame de Motordu.
Soit, nous aurons des enfants
et en attendant qu'ils soient là,
commençons, dès maintenant,
à leur tricoter des bulles
et des josettes pour l'hiver…

LE JEU DES MOTS TORDUS

Pour faire partie de la cour du prince de Motordu il faut passer cette petite épreuve qui consiste à deviner des mots tordus grâce à ces dessins. Réponse en page 44.

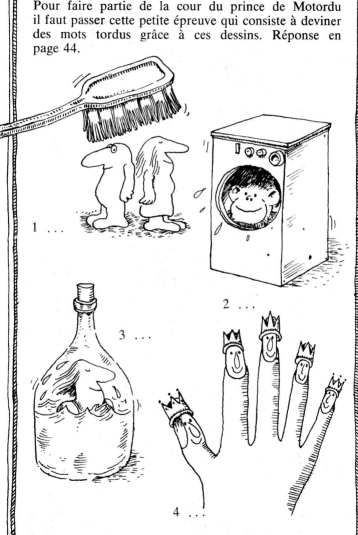

1 ...

2 ...

3 ...

4 ...

5 ...

6 ...

7 ...

8 ...

REPONSES AU JEU

1. Une brosse à gens (brosse à dents).
2. Une machine à laver le singe (laver le linge).
3. Une bouteille de bain (bouteille de vin).
4. Les cinq rois de la main (les doigts de la main).
5. Le canon de sauvetage (le canot de sauvetage).
6. Le coq de bateau (la coque de bateau).
7. Le pied de 10 francs (le billet de 10 francs).
8. La canne à bêche (la canne à pêche).

BIOGRAPHIE

Né en 1939, **Pef** commence à dessiner en classe de philo... derrière le dos de son copain le plus large. Il gagne ainsi le premier prix d'un concours organisé par le très sérieux journal... *L'Education*. Il a droit aux félicitations du proviseur et commence à publier des dessins dans le journal *Arts* avec un autre débutant... Topor. Dessinateur et rédacteur au journal *Francs-Jeux* depuis 1963, il réalise des centaines de reportages et quelques bandes dessinées. Ce qui ne l'empêche pas de dessiner pour l'industrie pharmaceutique, automobile ou d'imaginer des méthodes de vente de cosmétiques.

En 1975, il rencontre Anne Sylvestre qui lui demande d'illustrer ses disques pour enfants. Cela lui vaut d'être remarqué par les éditeurs de livres pour enfants et il publie son premier album en 1978.

Aujourd'hui, rédacteur en chef du journal *Virgule* qui a succédé à *Francs-Jeux,* il ne dessine plus que pour les enfants et espère en faire son seul métier.

Pef travaille toujours sous le regard critique de ses deux enfants et de leurs copains du village qui trouvent toujours porte ouverte chez lui.

Pef, enfin, ne pose jamais une couleur sans l'avis de Geneviève, sa femme, peintre.

JEUX DE MOTS

Les hommes ont dû commencer à jouer avec les mots dès qu'ils les eurent fabriqués. Parler de château à longueur de vie pour désigner sa maison, devient lassant. En changeant une seule lettre de ce mot, on obtient le mot chapeau. Habiter un chapeau c'est quand même plus drôle...

Dans toute la littérature, on trouve des jeux de mots. Au cours d'un célèbre banquet, les héros de Rabelais les manient avec une habileté... géante : « Dieu fit les planètes et nous faisons les plats nets ! »

Plus tard, Molière place dans la bouche de Thibaut, un personnage du *Médecin malgré lui,* la réplique suivante :

SCAGNARELLE : Il faut voir de quoi est-ce qu'elle est malade !

THIBAUT : Elle est malade d'hypocrisie monsieur !

Bien évidemment, la malade en question est atteinte d' « hydropisie » (maux d'estomac).

Plus près de nous, Alphonse Allais, Pierre Dac et Jacques Prévert ont largement joué avec les mots.

>   *Thank you*
>   *Moon lune*
>   *Thank you*
>   *Merci sea*

                    J. Prévert (chant song)

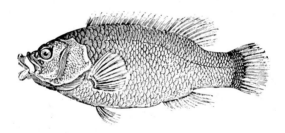

Bobby Lapointe, ciseleur de jeux de mots ravit les enfants et les adultes par ses trouvailles :

>   *S'il veulent prendre un petit verre*
>   *Elles les approuve de deux ouïes*
>   (La maman des poissons)

>   *Mon père est marinier*
>   *Dans cette péniche*
>   *Ma mère dit la paix niche*
>   *Dans ce mari niais...*
>   (Mon père et ses verres)

Mais le jeu de mots est partout, même dans des coins très sérieux où on ne l'attend pas. Ainsi un authentique rapport signé de deux gendarmes nommés : « Ouvrayloeil » et « Lebon »... Et puis cet incroyable nom de malade remarqué sur la porte d'une chambre d'hôpital : « Garcin Lazare ».

Le jeu de mots se pratique tous les jours de la semaine et les mots tordus le sont souvent parce qu'on les a mal entendus ou mal compris.
Une lumière tamisée devient une lumière tapissée, des chaussures aérées se transforment en chaussures arriérées et le bouchon de cérumen se change joliment en bouchon de cire humaine.
Comme le prouve ce livre, le jeu de mots se dessine, Chaval, par exemple, en a dessiné des dizaines. Ainsi, ce Blériot tirant au pistolet sur une manche de veste, le dessin était légendé : « Blériot s'entraînant à traverser la Manche... »

Dessin de CHAVAL

Collection
folio benjamin